AF339605

Événements de Barcelone.

APERÇU HISTORIQUE ET CRITIQUE

DES

ÉVÉNEMENTS

DE BARCELONE

en Novembre 1842,

SUIVI DE QUELQUES RÉFLEXIONS POUR ÉCLAIRER LEUR NATURE,
DANS ET HORS LE LIEU DU CONFLIT ; ET POUR FIXER
L'OPINION PUBLIQUE SUR LES VÉRITABLES
CAUSES DE LEUR EXPLOSION.

Traduit de l'Espagnol par l'auteur,

l'un des Refugiés.

PERPIGNAN.
IMPRIMERIE DE J.-B. ALZINE,
Rue des Trois-Rois, 4.
1843.

APERÇU

HISTORIQUE ET CRITIQUE

DES ÉVÉNEMENTS DE BARCELONE

EN NOVEMBRE 1842.

> .... *crimine ab uno*
> *Disce omnes...*
>
> (VIRG. En. 2).

En publiant cet écrit, notre but n'est point de donner au lecteur une relation minutieuse et journalière des événements accomplis, ni le détail des victimes nombreuses sacrifiées à l'ambition ; mais bien de le conduire à travers les faits capitaux et leurs singulières coïncidences, afin de mettre le pays en mesure d'établir sa conviction, et de juger sainement l'importance d'une catastrophe qui doit conduire la nation à la jouissance d'une liberté conquise au prix de si durs sacrifices, ou la reculer jusque sous le sceptre de fer du moyen âge.

La douleur profonde qui maintenant domine nos sentiments, nous fera sans doute tomber dans quelques désordres durant le cours du récit, et sous le rapport du style, dans quelques négligences que nous tâcherions d'éviter en des instants plus calmes, et vis-à-vis d'une question où notre sensibilité serait moins engagée. Mais nous devons une explication à l'anxiété publique, et si l'on ne rencontre pas ici les qualités de l'écrivain, du moins les traits de la vérité perceront à chaque ligne.

La presse périodique avait depuis long-temps levé le voile sinistre qui couvrait à peine l'insatiable soif de l'or, l'ambition démesurée de cet homme vulgaire, tiré de la lie du peuple par un caprice de la fortune, et élevé au pouvoir suprême comme le vil mannequin d'une faction audacieuse et turbulente : cette position lui fut malheureusement ménagée par la candeur d'un ennemi généreux, qui devait plus tard succomber aux traits de son ignoble conduite, première victime qui semblait annoncer des victimes sans nombre, sacrifiées à son ambition et à la férocité de son caractère.

La marche de son gouvernement, la tyrannie subalterne de ses sicaires, l'impudence avec laquelle les lois étaient violées, tout confirmait la réalisation prochaine d'un avenir malheureux ; tout favorisait le développement d'un plan infernal de destruction, dette de sang, dette de victimes et de fortunes soldées à l'avarice et à l'ambition anglaise, pour assurer une position presque royale, en deçà ou au-delà des tropiques, à celui qui, peu de jours avant, bornait son désir à être *alcalde* d'une misérable ville de la Rioja !

Ce n'est pas ici le lieu de mentionner une à une, toutes les infractions aux lois fondamentales commises dans toutes les provinces de la monarchie, l'arbitraire et l'insolence de la plus grande partie des chefs politiques, la tyrannie insultante et brutale de quelques commandants-généraux. Contre de pareils abus, essais prémédités du despotisme du sabre, il était inutile d'élever la voix au moyen de la presse périodique; inutile d'exciter l'indignation ou l'exécration publique, par les larmes des veuves et des orphelins, contre leurs nouveaux tyrans. Le joug devait être imposé ; et les moyens employés pour y parvenir marchaient vers leur but avec une effrayante rapidité.

Telle était la situation du pays, lorsque le 14 novembre 1842, avant le point du jour, le domicile de quelques citoyens inoffensifs de Barcelone fut envahi, au mépris des lois, et ils furent traînés, comme des criminels, à la prison publique.

Bien que tous les journaux du royaume aient raconté les événements qui suivirent cette infraction aux lois, on ignore cependant quelques particularités intéressantes; et d'un autre côté, la perfidie du gouvernement et de ses agents a fait circuler des rumeurs d'intérêt purement local, pour étouffer les sympathies que la cause du peuple aurait évoquées et excitées; de sorte qu'il nous importe de consigner ici un récit véritable, en exposant en même temps, avec sincérité, ce qu'il faut croire des versions calomnieuses du gouvernement à ce sujet.

Mais cette fidélité dans le récit ne suffirait pas à notre tâche : nous devons encore prendre en considération les motifs qui décidèrent Barcelone à dresser son programme du 19 ; programme dans lequel on demandait, non l'abdication, mais bien plutôt l'expulsion de l'usurpateur de la régence, et l'établissement des Cortès constituantes.

Cette tâche accomplie, le pays saura tout ce qui peut l'intéresser, et sera en mesure de nous juger. Si le désastre de notre patrie était tel, que l'usurpateur continuât à écraser la nation par des voies de fait semblables à celles qui ont été commises à Barcelone, nous aurons rempli le dernier devoir que notre position nous impose, et cet écrit, témoignage de notre innocence, deviendra un cri d'alarme pour l'Espagne opprimée.

Entrons en matière.

Les convulsions de Barcelone se distinguent surtout par la rapide succession de ses Juntes gouvernantes. Leur caractère, leurs imprévisions, leur impuissance et leurs vicissitudes tendent à prouver deux grands principes : 1º que personne n'était préparé, ni en position de faire face aux événements ; 2º que l'intérêt de la cause était général, et touchait tous les partis, toutes les classes, tous les sexes, tous les âges. Nous allons en faire une rapide description.

La première Junte directrice, celle qui fut nommée immédiatement après le combat, doit être caractérisée. Mais avant, nous exposerons avec impartialité les faits qui amenèrent sa formation.

Les rédacteurs du *Républicain,* arrachés de force au bureau du journal, gémissaient dans les fers; et leurs amis, les adeptes de ce parti, réclamaient le jugement légal qu'ils avaient mérité; l'autorité marchait hardiment à l'accomplissement de son plan d'agression, qui était de détruire par la violence cet organe d'un parti, contre lequel le verdict du jury n'avait jamais secondé ses projets. Une grande partie du troisième bataillon de la garde nationale, qui appartenait à ce parti, avait pris les armes : la population de Barcelone observait, dans l'attente, la constance civique des uns, et l'opiniâtre témérité des autres, dans la pensée que l'autorité saurait aplanir les difficultés avec la prudence que les circonstances conseillaient, et s'abstenait de prendre la moindre part pour ni contre ce qui se préparait, blâmant néanmoins la conduite irréfléchie du gouvernement. La journée du 14 se passa donc en conjectures et en inquiétudes. Les autres bataillons de la garde nationale, réunis dans leurs quartiers, attendaient les événements. Le Capitaine-général, déploya toutes les forces pour imposer au soulèvement, repoussant la demande des commissions de la force civique qui lui proposaient de constituer en état d'arrestation, dans leurs quartiers respectif, les rédacteurs ci-dessus mentionnés, comme appartenant à la milice, jusqu'à décision de leurs juges naturels : ce moyen de conciliation accepté, chacun rentrait chez soi : pour toute réponse à d'aussi sages propositions, à l'entrée de la nuit, le Capitaine-général fit publier, non pas la loi, mais un édit martial.

Le 15, au matin, l'autorité, résolue à consommer son arbitraire attentat, exigeant une entière soumission à la loi de la part de ceux qui s'armaient pour sa défense contre les hommes qui la foulaient aux pieds sans pudeur, donna ordre d'attaquer le peuple inoffensif dans les rues de l'Argenterie, de Saint-Ferdinand, de la Boquéria et de la Porte-Ferrisa, par des charges de cavalerie, des coups de canon à mitraille, soutenus par les fusillades nourries de l'infanterie. Le féroce Zurbano, à la tête d'une des colonnes, offrit le sac de la ville à ses soldats, et effectivement deux magasins de la rue de l'Argenterie furent envahis et détruits. Chacun, alors, se dispose à défendre ses propriétés et sa vie. Les forces du gouvernement sont repoussées de toutes parts : dans moins de deux heures, tout le peuple, ce même peuple qui était demeuré indifférent et passif en présence des préparatifs antérieurs et de l'attaque récente, barricade les rues, court aux armes, et chaque groupe, dans son quartier, sans aucun centre d'action, sans chefs, sans relations, se prépare à vendre chèrement sa vie. L'imprudent Van-Halen se hâte d'enfermer sa honte dans la citadelle, d'où il s'enfuit précipitamment pendant la nuit, accompagné de sa troupe en désordre, poursuivi plutôt par une terreur panique, que par les armes de ceux qui ne songeaient pas à l'attaquer. Il donne ordre à Monjouich de bombarder la ville, et de continuer le feu, aussi long-temps que les *Atarazanas* et les *Études* se défendraient de leur côté. Les membres de la municipalité ayant disparu, les chefs de la milice s'assemblèrent pour créer la Junte qui devait mettre fin aux nombreux désastres qui pesaient déjà sur le peuple, lancé dans la carrière des combats par le bras même de ses autorités.

Telles furent les causes et les incidens qui donnèrent lieu à la création de la première Junte.

Ce serait manquer à la justice et à la franchise que nous nous sommes imposées, que de négliger ici de prodiguer de justes éloges à la probité et aux bonnes intentions des membres qui la composaient : ils pouvaient manquer de connaissances et de moyens suffisants pour sauver le pays, mais leur désir fut pur, leur volonté ardente. Le destin les trahit. Il se trouva des personnes qui conseillèrent d'envoyer immédiatement deux députés aux Cortès pour instruire, moins celles-ci que toute la nation, et de la cause et de la situation des affaires, en nous soumettant à l'arrêt de condamnation ou d'acquittement qui devait résulter de cette démarche. Mais la Junte se trouvait embarrassée dans la confusion et la complication des événements; elle perdait un temps précieux en discussions privées et stériles, au lieu de s'occuper des affaires publiques. D'un autre côté, les communications étant interceptées par le lâche Van-Halen, la connaissance des faits arriva à la Cour comme il plut à la perfidie du gouvernement de la présenter.

Pendant ce temps-là, la Junte arrêta son programme, reçut des témoignages de sympathie de plusieurs points de la Catalogne, arma trois bataillons intitulés *Tirailleurs de la Patrie,* et attendit avec anxiété que le pays se déclarât contre la tyrannie d'Espartéro, toute prête à atteindre son but. Mais ce fut en vain: les illusions s'évanouirent, et le Gouvernement, non par les armes mais plutôt par la supercherie, la fausseté et la trahison, sut changer en triomphe l'influence des causes mêmes qui devaient le chasser pour toujours de nos plages maintenant opprimées.

La Junte, convaincue de la nécessité de s'associer d'autres mains, afin de pousser avec énergie et dignité la marche des affaires, procéda à la nomination d'une nouvelle Junte, dite *Consultative,* dans laquelle figurèrent, au nombre de vingt-cinq, des hommes de mérite et d'une haute position.

Mais la fatalité paraissait présider aux destins de Barcelone. Dès le premier moment on manqua d'unité de plan et de conduite. La Junte directrice écouta avec trop de bonne foi les conseils de tous les partis, et se plongea par cela même dans l'irrésolution. Alors les craintes d'un bombardement imminent, et des bruits sinistres, sourdement répandus, commencèrent à détruire cette constance et cette fraternité qui avaient soutenu jusqu'alors l'énergie du peuple. Dès ce moment, un grand nombre de citoyens de toutes classes, de tous partis, et de toute condition, abandonnèrent la ville ; en sorte que, le lendemain de l'installation de la Junte consultative, la plus grande partie des membres manqua.

Dans ce nouvel embarras, les alcaldes de quartier, et les chefs de la garde nationale, obtinrent l'abdication de la première Junte, et en établirent une nouvelle, de *transaction*.

Les efforts de cette Junte, pour tirer parti des circonstances, furent tous inutiles. Espartéro était déjà en vue de Barcelone, et son projet était, non d'écouter les plaintes et de faire justice, mais d'assouvir sa vengeance en servant les intérêts de l'Angleterre. Deux vaisseaux de ligne de cette nation, comme transportés miraculeusement à travers les airs, arrivèrent en rade de Barcelone, le même jour qu'Espartéro devant ses remparts, pour être témoins de la catastrophe convenue. Néanmoins la Junte renouvela ses tentatives par l'envoi d'un second message. Van-Halen le reçut, donnant à entendre aux députés, que leurs prétentions ne seraient point écoutées, jusqu'à ce que toute la milice nouvellement créée eût posé les armes, et qu'alors seulement il négocierait une transaction favorable. La Junte donc en présence d'une pareille situation n'hésita pas à affronter les dangers d'une exécution si hasardeuse, et le jour suivant elle envoya de nouveau sa commission au quartier-général, pour annoncer l'accomplissement de ce que l'on avait exigé. Van-Halen se montra satisfait, et fit savoir à la Junte qu'on tiendrait compte au peuple de son obéissance. Il envoya en même temps les bases de la transaction, fondées principalement sur un entier oubli de tout le passé, au quartier-général d'Espartéro. Cependant, Monseigneur l'Évêque, président de la députation, fut congédié comme tous les autres, sans qu'il pût réussir à se faire écouter. Le ministre de la guerre répondit

que le gouvernement exigeait la reddition de la place à dis-
crétion, et que, dans ce cas, *il se pourrait* qu'Espartéro usât
de clémence. Le seul but du tyran était de faire naître un
prétexte pour procéder au sacrifice qui lui était imposé.

Ce fait remarquable prouve que Van-Halen n'était pas initié
dans les secrets du cabinet, et qu'en faisant avorter l'insurrec-
tion de Barcelone, il ne fut que l'aveugle instrument des projets
secrets de son maître. Ce fait prouve encore hautement qu'Espartéro ne venait pas dans le dessein patriotique de reconquérir
la ville par les voies de la prudence et de la justice, et démontre enfin que ses intentions astucieuses étaient l'accomplissement du pacte conclu avec la Grande-Bretagne, son alliée.
Il savait que le silence sépulcral qui régnait dans toutes les
autres provinces et même dans la Catalogne, occasionné par le
vote précipité des Cortès, et par l'appareil des apprêts formi-
dables dirigés contre la ville héroïque, avaient produit le dé-
couragement du plus grand nombre; et son plan était d'exciter
le désespoir public, de pousser à la résistance pour réduire
la ville en cendres. Les perfides insinuations du *Constitu-
tionnel*, journal vendu au gouvernement, confirment cette
présomption, puisque le même jour ce journal déclarait dans
ses colonnes, contrairement à ses principes et aux sentiments
qu'il avait manifestés la veille, qu'il fallait succomber, plutôt
que de s'abaisser jusqu'à une si déshonorante soumission.
Quoi qu'il en soit, la Junte fit connaître au peuple la tyran-
nique exigence du gouvernement en annonçant en même
temps que, puisque ses efforts avaient été infructueux, elle
cessait ses fonctions.

Ce qui suivit ce nouvel embarras est difficile à décrire, tant
à cause de l'isolement et de la confusion des faits, que de

l'absence de l'auteur, qui s'était déjà éloigné de la ville ; mais quels que soient les événements et les désastres, tout l'odieux en doit retomber sur la tête du gouvernement agresseur.

Les bataillons nouvellement créés reprirent les armes; Monjouich commença le second bombardement qui dura cette fois plusieurs heures ; une nouvelle Junte opéra le désarmement de ceux qui songeaient encore à résister, et Van-Halen, et Gutierez, et Zurbano revinrent fouler d'un pied orgueilleux le sol de Barcelone, arrosé de nouveau d'un sang innocent.

La marche même des événements démontre avec la plus entière évidence que les horreurs de Barcelone avaient été préparées d'avance par le gouvernement ; qu'elles avaient été tramées avec une infernale atrocité, pour servir à l'accomplissement funeste de l'ambition la plus effrénée; et que Barcelone, envahie par surprise, sans défiance et sans soupçon d'une telle iniquité, se livra avec la candeur d'un peuple libre. Plaise à Dieu que son exemple serve de beffroi incessant au peuple assoupi! et comme les fausses suppositions par lesquelles on a cherché à défigurer la véritable cause du soulèvement jouissent encore d'un entier crédit sur divers points de la Péninsule, nous allons les réfuter avec la brièveté que l'excès de vérité et de raison nous permet d'employer contre de pareilles perfidies.

Voici les accusations auxquelles nous voulons répondre :

1º Le gouvernement et ses agents, ont fait courir le bruit que le soulèvement de Barcelone avait pour but l'exemption de la

conscription dans la Catalogne, ou tout au moins dans la mé-
tropole ;

2° Que son but était encore une opposition au traité clandestin de commerce avec l'Angleterre, ou à la libre introduction des cotons ;

3° Que ce soulèvement avait été préparé par les diverses
nuances politiques : républicains, modérés, carlistes et chris-
tinos ;

4° Qu'il n'avait été entrepris que par une poignée de sédi-
tieux et de gens sans aveu ;

5° Enfin, que pendant sa durée, il se commit des vols, des
assassinats et des insultes qui réclament une sévère punition,
pour ne pas détruire le respect dû à la vindicte publique.

Nous examinerons successivement chacun de ces points, et
nous opposerons, en réponse à ces calomnies, tout ce qui est de
notoriété publique.

Le reproche que l'exemption de conscription a été cause en
partie des événements de Barcelone disparaîtra dès que la nation sera informée de ce qui s'est passé sur ce sujet. A propre-
ment parler, ce n'était qu'une affaire de famille, un différent
entre le peuple et sa municipalité. La jeunesse de Barcelone
n'avait rien à demander au gouvernement ; elle n'avait jamais
songé à une exemption ridicule, puisque cette loi est au contraire aussi juste que nécessaire au soutien de l'État. Mais le
Corps municipal avait les fonds nécessaires pour procéder au
remplacement, et ces fonds, qui étaient des fonds publics et
destinés à un usage aussi sacré, avaient disparu. Ce litige ne
pouvait donc exercer aucune influence, ni servir de prétexte à
un bouleversement politique : la nature même du débat, quelles
qu'en fussent les suites, ne pouvait dépasser l'enceinte de la

ville ; les autorités compétentes, ou le gouvernement lui-même s'il eût été nécessaire, auraient décidé en temps opportun entre le peuple et sa municipalité, et l'on n'en était pas encore venu à ce point. Les autorités de Barcelone ne pourront opposer à cette explication aucune donnée contradictoire, puisque cette affaire avait été publiquement et largement débattue dans les journaux de cette ville. Il reste donc démontré que cette première accusation est calomnieuse et infâmante, et que le gouvernement et ses agents ont mis de la perfidie à faire circuler ce bruit, afin de donner un coloris d'égoïsme au soulèvement de Barcelone contre ses tyrans.

L'opposition au traité clandestin de commerce est encore moins acceptable, comme pouvant exercer une influence sur les événements de Barcelone. Ce traité néfaste excite bien quelque agitation dans toute la Péninsule, mais il n'est encore qu'un projet, quoique les craintes qu'inspire sa conclusion soient plus ou moins fondées ; une population sensée, comme l'est celle de Barcelone, ne se serait pas imprudemment levée en masse pour combattre, sans provocation et sans appui, sur une simple supposition. La libre introduction des cotons se trouve dans le même cas. C'était une affaire du domaine des corps législatifs, et, jusqu'à ce que la loi des douanes *(de Aranceles)* eût été approuvée, Barcelone savait qu'elle n'était pas encore même en droit de se plaindre. Comment donc le gouvernement ose-t-il recourir à de telles calomnies, puisque, dans une affaire qui eût été pour Barcelone une question vitale, aucun journal de cette ville, pendant les troubles, n'a prononcé un seul mot qui impliquât cette pensée ? On ne trouverait pas même un seul citoyen qui, durant ces jours d'angoisse, eût songé à un pareil motif. Barcelone ne pensait qu'à défendre la vie de ses enfants contre la force armée mise aveuglément à la disposition d'un assassin déclaré ; défense légitime, nullement contraire aux lois et pour laquelle un peuple n'a pas besoin de lois écrites. C'est donc en vain que la supercherie du gouvernement prétend, par cette seconde accusation, assigner une cause ridicule à la révolution de Barcelone.

Soutenir que le mouvement était préparé par les différents partis désignés au troisième paragraphe des inculpations, c'est le comble de la stupidité, c'est le cynisme de l'impudence, c'est l'insulte la plus effrontée qu'on puisse faire à la raison et à la conviction de tous les Espagnols. On ne saurait avancer une telle assertion que pour provoquer l'indignation ou la risée, ou bien pour en imposer, pour mentir aux nations étrangères. Il n'existe pas un seul Espagnol dans tout le royaume qui ne sache qu'une telle accusation est une pure calomnie, une audacieuse imposture ; car si ce prétexte était vrai, il faudrait avouer ou que la divergence d'opinion ne règne qu'à Barcelone, ou que si elle règne dans le reste de la Péninsule, les divers partis ne répondirent pas cette fois à l'appel qui leur était fait ; laissèrent l'injustice et toutes les horreurs du despotisme peser sur la tête de leurs frères, et s'apprêtèrent, non pas à défendre leurs vies et leurs fortunes, comme ils auraient dû le faire en présence de la leçon qu'ils avaient sous les yeux, mais à courber la tête sous le fouet et le fer vengeur de la nouvelle usurpation. Nous arrêter plus long-temps à réfuter cette autre calomnie, serait donner à entendre que nous croyons que la candeur ou la bonne foi sont entrées pour quelque chose dans son invention.

Avancer que le mouvement de Barcelone ne fut entrepris que par une poignée de révolutionnaires et de gens sans aveu, est une assertion que démentent la publicité, la notoriété publique. Tout le monde sait en effet que le peuple en masse n'eut d'autre parti à prendre, dans son exaspération, que de repousser la force par la force, à moins de consentir à livrer le fruit, péniblement acquis, de ses longs travaux, l'honneur de ses filles, la chasteté du lit conjugal, à un monstre aussi hideux et aussi effréné que Zurbano. Cette vérité est encore confirmée par le témoignage de plusieurs centaines de pères de famille appartenant au commerce, aux arts, aux sciences, et par celui de plusieurs propriétaires qui gémissent dans l'exil. Non : nous ne sommes pas entrés sur le sol étranger comme parti belligérant, composé d'aventuriers et de gens sans profession, mais abandonnant nos ateliers et nos comptoirs, fuyant la captivité; et enfin la dernière accusation serait en contradiction avec nos paroles, à moins de supposer, ce qui est absurde, qu'à l'exception des employés du gouvernement, de ceux qui s'engraissent de la sueur du peuple, de ceux du pillage de septembre, le reste des Espagnols appartient aux opinions désignées. Or une pareille supposition est aussi calomnieuse et aussi gratuite que les autres.

Les vols, les assassinats, les outrages par lesquels on a cherché à dénigrer le soulèvement de Barcelone ne sont qu'une nouvelle perfidie du gouvernement, pour masquer en quelque sorte l'acharnement avec lequel il s'est précipité sur sa victime. Aucun fait de cette nature ne vint accroître la douleur de la population soulevée. Un misérable qui vola, le 16, une pièce de toile d'une valeur infime, seul vol qui fût commis durant tout le cours des affaires, fut immolé à l'indignation publique, et il est entièrement faux que les équipages appartenant aux troupes vaincues aient été détournés dans quelque endroit de la ville que ce fût. Le désordre avec lequel Van-Halen s'enfuit de la citadelle fut cause qu'on trouva dans sa vaste enceinte et dans les pavillons, roulant dans la poussière, des malles, des fusils, des havre-sacs et toute espèce d'équipement de guerre. Si l'on réclame ces effets, que ce général en réponde, ainsi que de la bataille imaginaire qui en occasiona la perte. La ville indemnisa par un mois de solde les troupes qui capitulèrent, et les blessés furent soignés avec une sollicitude fraternelle. Toute la haine, toute la scélératesse dont le gouvernement est capable ne sauraient démentir la vérité de tels faits. Ce qu'il y a de plus glorieux dans les événements de Barcelone, ce n'est pas l'intrépidité des citoyens, l'unité de volonté, l'appui fraternel dans les dangers, ni enfin la plénitude et l'héroïsme du triomphe, mais bien la modération et la parfaite retenue du peuple. Livré à lui même pendant tant de jours, sans municipalité, sans autorités, il n'eût pas été impossible qu'il eût franchi les limites de l'ordre, dans quelques points obscurs d'une aussi vaste cité ; mais il avait résolu de conserver intacte sa vertu, avec la même prudence et la même énergie dont il avait fait preuve pour soutenir l'inviolabilité des lois. Les autorités de Barcelone seront toujours à temps de nier cet héroïsme : le tableau brillant de ces exploits ne présente pas la plus légère tache qui puisse en ternir l'éclat et la beauté.

Ayant ainsi repoussé les accusations injustes dirigées contre Barcelone, nous allons tâcher maintenant de la justifier des exigences de son programme. Nous ne nous dissimulons pas toute la difficulté d'une pareille entreprise, puisque cette cité a succombé sous les traits du tyran même qu'elle tentait de renverser. Nous savons que les cris de joie et les applaudissements frénétiques qui auraient retenti dans les plaines et sur les plages de la ravissante Ibéric en son honneur et à sa louange, se convertiront aujourd'hui en durs sarcasmes et en de mordantes diatribes par la basse adulation, et nous ne refusons pas de vider jusqu'à la lie ce calice d'amertume : nos pères, nos fils et nos épouses, qui habitent ces lieux, mordront en silence et avec des larmes la lourde chaîne du despotisme ; pour nous, le front levé, et plus fiers que les cîmes de nos montagnes, nous dirons au monde notre sainte pensée. Loin de plier le genou pour solliciter un pardon humiliant, nous nous ferons gloire d'avoir osé les premiers ébranler ce trône de boue et de roseaux, du haut duquel l'usurpateur nous frappe. Accablés par le malheur, en proie à la misère la plus épouvantable, mendiant auprès du peuple le plus compatissant d'Europe le pain amer de la proscription, nous trouverons notre consolation dans notre héroïsme, ou, selon le langage du traître de notre patrie, dans notre crime ; oui, dans notre crime, qui est un effort de notre vertu. L'Espagne, l'Europe tout entière, moins la perfide, la convoiteuse Albion, rendront justice à la nécessité de nos prétentions.

Le grand jury, juge sévère et infaillible de l'opinion publique, et interprête religieux de la pensée des peuples, avait proclamé, à haute et intelligible voix, qu'Espartéro, aspirant à une couronne, avait perdu le prestige éphémère acquis à sa duplicité, et qu'il était abhorré de tous les partis. S'il n'en eût pas été ainsi, ce même jury aurait porté son verdict de censure contre la presse périodique qui a divulgué en termes formels les projets de l'ambitieux. Ses sourdes intrigues pour prolonger la minorité de la reine, son dévoûment au cabinet de Saint-James, l'arbitraire du gouvernement qui l'appuie, ses antécédents de perfidie et d'usurpation ne permettent pas d'admettre le doute le plus léger là-dessus. S'il en existait, la prudence conseillait dans les moments critiques, de sauver ou de perdre la liberté, d'arracher à sa main téméraire les armes dangereuses qui pouvaient causer la perte commune. Barcelone exigeait une nouvelle régence, composée de plusieurs membres, pour éviter de si grands dangers. Barcelone, en lutte ouverte contre ce qui était à ses yeux une véritable tentative d'usurpation, n'hésita pas à déployer un héroïque étendard. Le moment était critique, l'hésitation dangereuse, le cri de liberté urgent. Barcelone croyait que son enthousiasme trouverait un écho dans tout l'hémisphère espagnol. Qui a éteint le feu sacré de la liberté? qu'est devenue la vertu de cette armée formidable qui fit trembler ses ennemis sur les cîmes et dans les champs lobertins, pendant sept ans de sacrifices employés à la conquête d'un bien si précieux? Quoi! suffit-il que l'armée dise qu'elle doit obéissance à son chef, lorsque celui-ci, avec les rugissements du tigre, la conduit, promenant la torche incendiaire, à travers la monarchie, et portant le glaive des vengeances insatiables jusque dans les foyers du peuple opprimé et envahi? Où sont-ils les fruits de cette coalition de la presse, éclat resplendissant et sans exemple d'un zèle pur et libéral dans les fastes des conflits publics et de la politique? — Est-ce que le peuple n'aspire plus qu'à s'endormir sur l'histoire de ses opprobres, ou se contente-t-il peut-être de verser des larmes, comme une timide femme, ou comme un faible enfant, à la vue du sang tiède et fumant encore; à la vue de ses toits pulvérisés et de ses marbres calcinés? Eh! gardez pour vous ces larmes qui vous avilissent et que vous répandrez dans peu par torrents sur vous-mêmes ! Vous manquait-il un exemple de constance ? que pouvait faire de plus Barcelone que de s'offrir, victime spontanée, sur les autels de la patrie pour la rédemption espagnole ? Barcelone, comme César, ne craignit pas de monter les marches du Capitole, *numine non litante,* sourde aux pleurs de l'épouse échevelée, et secouant, intrépide, sa toge retenue et déchirée par ses fils et par ses clients.

Nous ne perdons pas de vue que l'hypocrisie ou la crainte servile, diront aujourd'hui que les prétentions de la ville sacrifiée sont un attentat contre l'ordre constitué ou une subversion de l'état. Comment donc ? est-ce nous qui avons songé à imiter vos scandales, à suivre votre criminel exemple ? c'est vous-mêmes qui nous avez forcés à fuir loin de ce fléau ; votre seigneur, est notre tyran. Demandez à présent quel est le vainqueur, et nous vous dirons devant qui vous brûlez l'encens, qui vous calomnierez, qui vous blâmerez par suite de l'entreprise avortée. Mais le gage funeste recouvré par ce nouveau Polycrate est, de la part des Dieux, le symbole prophétique et infaillible de son exécration et de sa chûte. Non, il ne se reposera pas, comme Sylla, sur les ossements non vengés de ses victimes ; non, il ne jouira pas de sa rapacité dans un palais superbe. Son corps, traîné sur les dalles retentissantes de Favencia, soulèvera dans les airs des tourbillons de poussière. Et... écoute, parricide ! mes paroles seront pour toi le chant fatidique du hibou sinistre et vigilant, la prédiction fatale et inévitable de la Pythonisse furieuse et inspirée.

Barcelone, enfin, demandait la convocation des Cortès constituantes; cette prétention pourrait être considérée comme une
conséquence de la précédente. Mais non, nous avons promis
de dire toute la vérité, et rien ne pourra nous contenir, ni
mettre un sceau sur nos lèvres, quand nous voulons au contraire
la proclamer hautement. Quoique les Cortès actuelles fussent
investies, en grande partie, de pleins pouvoirs pour procéder
à un changement de régence, les Cortès actuelles ne sont pas les
Cortès de la nation espagnole; ce sont les Cortès de septembre,
les Cortès d'Espartéro et du Tuteur. Qui a bombardé Barcelone,
ce n'est point Espartéro, ce sont ces Cortès intruses. Après ce
fait peut-on attendre que la nation se repose sur leur patriotis-
me et sur leur désintéressement de partis? Leur vœu récent et
précipité dans une affaire inconnue, dans une affaire hautement alarmante et transcendante, origine de tous les désastres,
découvre leurs tendances. Les Cortès actuelles, élues à l'aide
du poignard, demeurent prosternées devant une idole; leur
intérêt n'est pas l'intérêt de la nation, mais la devise du parti
où elles puisèrent leurs pouvoirs. Si cela n'est pas, quelle est
donc cette comète sinistre dont les foyers sont les gouvernements
qui surnagent au milieu de l'agitation et des orages politiques,
dont l'apparition annonce l'élévation ou prédit la chûte des
hommes d'état dans tous les bouleversements? L'homme aux
aventures diplomatiques, l'agent de l'usurpateur, le colporteur
des embarras mystérieux, s'assied maintenant au fauteuil de
président du *Congrès* et se vante de conduire l'opposition, et

celui qui est à la tête de tant d'autres, celui-là sera-t-il aussi le meilleur? O honte! ô bassesse! son nom, son prestige usurpé ne sont qu'un témoignage palpitant de notre infériorité. Dans l'histoire nauséabonde de cet homme fatal, depuis l'humble paille de son misérable berceau jusqu'au clinquant des chaises de poste de ses ambassades, non seulement on ne découvre pas les traits de la probité, mais on aperçoit au contraire le caractère prononcé de l'astuce du renard. Les Cortès actuelles, conduites par un homme d'un tel mérite, pourront-elles faire le bonheur de la patrie? Le misérable objet de l'opposition dirigée par ce chef fameux des Cortès n'entre pas même dans la sphère du but national qui nous dirige. La nation espagnole peut faire parade du champion dans les mains duquel elle dépose ses destinées.

Barcelone n'a rien à demander aux membres du cabinet ; elle est indifférente aux noms de leurs successeurs comme à celui de ses bourreaux ; elle ferme les yeux sur ses décombres. Ses efforts et ses sacrifices tendaient à précipiter l'usurpateur, ceux qui le valent, ceux qui le soutiennent et ceux qui l'élèvent. Sa mémoire odieuse pèse plus sur la victime vivante que le bûcher du sacrifice sur lequel elle se voit embrasée et dévorée. Barcelone demandait que la nation espagnole ne fût désormais ni le patrimoine d'un usurpateur, ni le jouet de tant de partis, ni l'Affganistan de l'occident. Elle demandait les Cortès constituantes pour pourvoir au remède radical de cette gangrène politique qui la dévore ; elle le demandait presque malgré elle, tombant épuisée sous les rigueurs d'un joug de fer, et nous savons néanmoins que les Cortès actuelles ne rougiront pas de déclarer que Barcelone formait une prétention insensée. Eh bien! Barcelone n'attendait rien de vous ; elle en appelait à la nation, le sein déchiré, le foyer maternel réduit en cendres. Votre audace sacrilége dépassa toutes bornes, et la fortune daigna sourire à votre perfidie. Les Dieux ne voudront-ils pas récompenser un jour la vertu!

Si les réflexions que nous offrons aux méditations du pays n'excitent pas l'émotion des ames sensibles; si la probité et la justice nous refusent leurs sympathies; si l'on doute de notre véracité, les larmes seront notre partage, les larmes que nous verserons sur nous et sur notre patrie abandonnée. Il est écrit dans notre stoïcisme que les évènements ne se succèdent pas selon nos désirs, mais selon la volonté des destins, et la sévérité de nos principes nous fera descendre sous la terre étrangère adorant les décrets de la Providence, et rendant le dernier soupir sans faiblesse et sans plaintes, puisque nous serons sans remords.

Il est temps déjà de pouvoir réfléchir sur les événements que nous venons de décrire.

Le mouvement de Barcelone suffisait au salut de la nation. Nous voulons cependant commenter les incidents et détruire les accusations dont les autres provinces d'Espagne n'ont pas à répondre.

D'un côté le gouvernement donna aux affaires une version sinistre, et d'un autre côté l'indolence ou plutôt le manque de lumières de la première Junte directrice fit avorter le succès que la fortune semblait nous présager. Toute la Catalogne bondissait palpitante de sympathie, mais elle n'avait pas de motif urgent pour se soulever. La Junte directrice s'endormit sur les lauriers de la victoire, et attendit un résultat qu'il était de son devoir de chercher, de provoquer et d'accomplir. Nous avions dans la ville dix bataillons de garde nationale qui auraient dû poursuivre et mettre en déroute le général agresseur ; Monjouich n'avait pas de vivres pour deux jours, et nous jouissions en outre de l'inappréciable avantage que nous donnait l'ineptie et la lâcheté du chef ennemi. Des hommes mûrs dans l'art de la guerre et dans les révolutions politiques donnèrent leur avis sur les mesures qu'il était indispensable d'adopter ; mais leurs conseils s'évanouirent emportés par le souffle des vents. Un ordre de la Junte appuyé par cinq ou six bataillons pour ôter toute ressource à l'armée vaincue, et pour faire prendre les armes à toute la Catalogne, aurait sauvé la cause ; mais la Junte crut que les peuples feraient d'eux-mêmes ce qui était nécessaire au salut commun. Elle se contenta d'envoyer des émissaires qui n'étaient pas entourés d'un prestige suffisant, et encore plusieurs d'entre eux négligèrent-ils de remplir leur mission. Elle marcha timide et éblouie jusqu'à se laisser remplacer, et il n'était pas possible à la Junte de transaction de suppléer au manque d'ardeur de ses devanciers.

La première Junte encourut encore le reproche de ne pas bien expliquer au peuple la cause du soulèvement. Une telle connaissance aurait peut-être tourné dans un autre sens l'esprit public ; car les peuples du reste de la Catalogne n'osaient seconder le mouvement, lorsqu'on n'avait pas commis d'agression contre eux, et qu'ils n'avaient pas même de plaintes péremptoires à faire entendre ; et que d'un autre côté l'obscurité des faits ne leur permetait ni de choisir une position, ni de prendre franchement un parti. Dans Valence il y eut quelques démonstrations, mais le motif du soulèvement y était encore ignoré, et la tiédeur ou la crainte étouffèrent les premiers mouvements. L'Aragon, qui pouvait le plus pour arrêter Espartéro, se maintint en prudente expectative par les mêmes causes : et les autres provinces avaient encore moins d'occasion d'être informées, moins de prétexte d'agir. Nonobstant, nous ne voulons pas disculper leur apathie, ni le consentement criminel qui ressort de leur quiétisme, après avoir vu les désastres, après avoir pris connaissance de la folie du tyran.

La Junte, enfin, n'avait pas un seul homme de volonté sur qui se reposer, et s'il y en eut quelqu'un, ses clameurs se perdirent dans la confusion intestine dont elle ne sut pas non plus s'affranchir. En un mot, la Junte directrice ne sut, ni ne put dominer des circonstances qu'aucune révolution possible ne pourra jamais présenter plus favorables. Nous ne prétendons pas nier la rectitude de ses désirs, mais son incapacité livra la nation à la cruauté de l'oppresseur.

Les derniers efforts de Barcelone sans appui, sans secours et sans espérance sont les derniers soupirs de la valeur civique, de l'héroïsme de la liberté pour la défense de la patrie. Les malheurs occasionnés le furent plutôt par la perfidie des assiégeants que par la foi pure et sincère des assiégés. Ce que Barcelone avait de trop en dévoûment et en courage, lui manquait en sages conseils.

Je ne sais si j'aurai réussi dans l'accomplissement de ma tâche. Je me suis efforcé d'éviter toute accusation et toute acrimonie, tant contre les particuliers que contre les partis, considérant que la cause qui nous a forcé d'abandonner notre patrie est trop éminente et sublime pour que nous songions à faire revivre les prétentions des partis. Les Espagnols de Novembre, ceux qui le sont par la disgrace, ceux qui le sont par la sympathie, ne doivent porter qu'une seule devise, ne doivent avoir qu'un seul but : jeter aux vents les cendres de l'usurpateur.

Je ne saurais quitter la plume sans payer ici un tribut de la plus vive gratitude au consul de France à Barcelone.. Sa conduite philanthropique pendant ces malheureuses affaires proclame, à la face du monde, l'humanité caractéristique de la nation civilisée et magnanime qu'il représente. Lesseps, généreux Lesseps ; Lesseps, noble fils de France, les exilés de Novembre te doivent la vie. Barcelone inscrira un jour ton nom sur ses marbres !

FIN.

L'auteur, très peu familiarisé avec la langue française, mais, néanmoins, ayant voulu lui-même traduire son œuvre espagnole, afin de lui laisser son originalité, sa couleur et son émotion, prie le lecteur d'excuser ce que le français peut avoir de défectueux, quelquefois même de bizarre et d'obscur ; en songeant que tout a été pensé dans une langue étrangère, dont l'allure et le génie dominent l'ensemble.